DÉLIRONS
AVEC Léon !

DES TRUCS COMPLÈTEMENT HILARANTS

NUMÉRO **11**

PAR

ANNIE GROOVIE

D1027426

1

Merci à Olivier Talbot
d'avoir si gentiment
accepté de nous parler de
son métier super cool

Merci de ta curiosité,
Margaux Couture-Lacasse !

EN VEDETTE :

LÉON ›
NOTRE SUPER HÉROS

Le surdoué de la gaffe,
toujours aussi nono et aventurier.

**En prime,
un flip book
de Léon !**

LOLA ›

*La séduisante au grand cœur.
Son charme fou la rend irrésistible.*

LE CHAT ›

*Fidèle ami félin plein d'esprit.
On ne peut rien lui cacher.*

CHERS FANS, AMIS ET LECTEURS,

On me demande souvent ce qui m'**INSPIRE** et où je trouve mes **idées**. Eh bien, l'autre jour, j'ai trouvé une idée de devinette à l'**épicerie**. Oui, oui, à l'épicerie ! Je parcourais les rangées à la recherche d'un mélange à **MUFFINS**. N'importe lequel. Un mélange à muffins santé, bio, auquel je pourrais moi-même ajouter de bons **FRUITS** frais.

En arrivant devant l'étalage **RECHERCHÉ**, j'ai vu tout un choix qui s'offrait à moi. Muffins au blé, à la farine d'épeautre et au son. J'ai donc opté pour le **SON**, question de changer un peu du blé.

De retour à la **maison**, je me suis tout de suite mise à cuisiner mes fameux **MUFFINS**. Puis, alors que j'observais la boîte afin de connaître le temps de cuisson, mon **regard** s'est arrêté sur le nom : Muffins au son. Au même instant, je me suis dit : « Tiens, des muffins au **SON**, les musiciens doivent aimer ça. » Son... musique. Vous la comprenez ?

J'ai donc pu ajouter une nouvelle **devinette** à ma collection. « Quels sont les muffins préférés des musiciens ? Les muffins au son ! »

Vous voyez, c'est **facile** de trouver des idées : il suffit d'être attentif et de se laisser aller. Il y en a des **milliers**, un peu partout. Et c'est gratuit ! Voilà donc comment je trouve une bonne partie de mes **idées** !

Bon délire !

Annie Groovie

Table des matières

9

SUSPENSE...

Ah, non ! J'ai pris la plus courte...
Moi aussi !
Mais oui, on a dit qu'on tirait à la courte paille, non ?
Mais, Léon, elles sont toutes courtes, tes pailles !

Il faut monter pendant 20 longues minutes...

C'est pas juste...

... pour redescendre en seulement 20 petites secondes !

J'te dis, elle est drôlement faite, la vie...

16

PAUSE PUB

PRODUIT : LE ROMAN SAVON

Vous avez déjà fini de lire votre roman ?

Eh bien, il peut encore vous servir !

Eh oui ! Au contact de l'eau, il mousse comme un savon !

Génial ! Et ça sent bon...

Le Roman Savon, le livre parfait pour vous é « mousse » tiller !

22

Saviez-vous ça ?

Quand les girafons (les petits de la girafe) viennent au monde, ils tombent sur le sol d'une hauteur de 1,80 m. C'est à peu près la taille d'un réfrigérateur... Ayoye!

La reine d'Angleterre est une avant-gardiste. Elle a écrit son premier courriel en... 1976! On ne connaît pas le contenu du message, mais on sait qu'il a été envoyé à partir d'une base militaire.

Les crocodiles sont incapables de sortir la langue. C'est pour ça qu'ils ne font jamais de grimaces: ils préfèrent sourire à belles dents!

Bottin cabotin

G. du PAINCHAUD..........................Boulanger

S. TURGEON...............................Pêcheur

C. DÉROME..........Spécialiste en informatique

K. RATTÉ.............Professeur d'arts martiaux

Georges DUCROS............................Vampire

Auguste SANSCHAGRIN.......................Clown

M. LABROSSE-ADAM.......................Dentiste

L. ALLAIRE-LÉGER....................Parachutiste

Yvan DUFORT...........Vendeur de sauce épicée

Yvon AUBUT..................Entraîneur de hockey

Rose LATULIPE...............................Fleuriste

Line LARRIVÉE.....Championne du 100 mètres

j'aienviedevousdonnerunindicepou
rlecodesecretàlafindulivremaisj'h
ésite.Ilestdéjàfacileàtrouver.Huu
mmm...Maiscommejesuissupercool,
jevaisvousaiderenvousdisantqu'un
edeslettres,celleforméesurlapre
mièrecartedebingo,estsituéeentr
eleLetleNdansl'alphabet.Voilà,prof
itez-enparcequejeneferaipascat
outeslesfois...

25

Chat-rades

1.

Mon premier est le verbe croquer
à la première personne du singulier de
l'indicatif présent.

Mon deuxième, on en trouve un,
qui est secret, à la fin de chaque
livre *Délirons avec Léon !*

Mon troisième est une terre
entourée d'eau.

Mon tout est un grand reptile.

Mon premier est une petite étendue d'eau.

Mon deuxième est un organe du corps humain qui filtre l'urine.

Mon troisième est la première note de la gamme.

Mon quatrième est le contraire de rugueux.

Mon dernier est le son qu'émet un serpent.

Mon tout est une personne qui met rarement les pieds sur un bateau.

Mon premier est une petite montagne.

Mon deuxième est un sport auquel on joue avec des bâtons.

Mon dernier est la journée avant aujourd'hui.

Mon tout est un moyen de transport.

Réponses à la page 84

MARGAUX VEUT SAVOIR

Question: **Pourquoi les lucioles s'illuminent-elles?**

Réponse de Léon:

Marjolaine Giroux, de l'Insectarium de Montréal, nous explique ce phénomène étonnant. Il y a deux substances, la luciférine et la luciférase, à l'intérieur de la luciole. Lorsqu'elles entrent en contact avec de l'oxygène, une réaction chimique se produit. La luciole peut contrôler l'air qui pénètre dans son corps au moyen de parois situées sur celui-ci. Étant donné que l'air contient de l'oxygène, il provoque la fameuse réaction. On voit alors apparaître des signaux lumineux, qui permettent à la luciole de communiquer avec ses congénères, surtout ceux du sexe opposé. En fait, ces signaux constituent un mode de communication entre les mâles et les femelles d'une même espèce. C'est grâce à eux que les insectes s'accouplent. Comme les femelles se tiennent habituellement très près du sol, alors que les mâles volent souvent un peu plus haut dans les airs (à environ un mètre au-dessus du sol), ils peuvent se reconnaître à l'aide de cette forme de langage. Le mâle émet un éclair lumineux d'une durée de moins d'une seconde. La femelle capte le signal et lui répond par un éclair lumineux de la même durée, mais seulement après un délai d'environ trois secondes. C'est la durée du délai qui permet à une luciole de savoir si elle a affaire à un insecte de son espèce. Chaque espèce a donc son propre langage amoureux! La prochaine fois que vous voyez une luciole émettre un signal, essayez de repérer son amoureux ou son amoureuse, qui ne devrait pas être bien loin!

Soyons diplomates !

La diplomatie est l'art de régler une situation délicate sans que personne soit fâché. Allez, il vous est sans doute arrivé de vivre un moment inconfortable dont vous auriez aimé vous sortir avec classe et dignité... Voici un petit guide conçu exprès pour vous !

Imaginons que vous faites la file pour payer à la caisse de la pharmacie. Vous comptez acheter un parfum de grand-mère afin d'attirer des insectes pour une nouvelle expérience.

Soudain, un garçon qui a l'air d'une espèce d'échalote à casquette, boutonneux, portant des vêtements à la mode... d'il y a 10 ans et sentant mauvais des aisselles vous dépasse !

Que pouvez-vous faire ? Rappelez-vous : vous devez rester subtils. Tout est dans les mots que vous emploierez et dans la manière de les dire. Voici quelques phrases que vous pourrez utiliser si ça vous arrive. Choisissez-en une selon le ton qui vous conviendra tout en usant de vos talents de comédiens...

Le fier :
« Génial ! Ma potion a fonctionné, je suis devenu invisible ! »

L'exagéré :
« Je savais que j'étais petit, mais à ce point-là, vraiment ? »

L'interrogatif :
« Est-ce que j'ai l'air d'attendre l'autobus ? »

Le touriste :
« Mon Tieu ! Che ne pensais pas que les viles d'attente vonctionnaient différemment dans ce pays ! »

Le négociateur :
« O.K., tu peux prendre ma place, mais tu m'achètes un paquet de gomme. »

Le gêné :
« Excuse-moi, ça ne te dérange pas que je sois dans ton chemin, j'espère ? »

Le naïf :
« Je suis certain que tu veux seulement demander un renseignement à la caissière, hein ? »

Devinettes

Comment font les bananes pour rester minces ?

Facile : elles poussent déjà en régimes.

Comment sait-on si un serpent a trop fêté ?

Il a une gueule de boa.

Quel arbre a toujours froid ?

Le tremble.

Pourquoi n'entend-on jamais les hiboux se plaindre de leur femme ?

Parce qu'elle est chouette.

Pourquoi les marins ne peuvent-ils plus écrire quand ils amarrent leur bateau pour la nuit ?

Parce qu'ils ont jeté l'ancre.

Quelle est la carte préférée des vitriers ?

L'as de carreau.

De quoi ont besoin les cochons pour traverser la frontière ?

D'un passe-porc.

Et qu'écrivent-ils à leur mère pour la rassurer une fois qu'ils ont terminé leur trajet ?

« Je suis arrivé à bon porc. »

Saviez-vous que les autoroutes chantent très bien ?

Eh oui, et elles ont parfois jusqu'à quatre voies !

Quel est le gâteau qui s'absorbe le plus facilement ?

Le gâteau éponge !

33

C'EST PAS SORCIER !
Baguettes chinoises

1 Prenez l'une des baguettes comme si vous teniez un crayon.

2 Soulevez ensuite votre index, en vous assurant que la baguette repose là où le pouce se joint à la paume de la main.

3 Libérez votre pouce en appuyant la baguette sur la dernière jointure de votre majeur.

4 Prenez l'autre baguette et placez-la, toujours dans la même main, de façon à ce que le bout de votre pouce et votre index la tiennent solidement.

Et voilà! Vous n'avez plus qu'à bouger votre index; c'est lui qui vous donne la force nécessaire pour saisir les aliments qui se trouvent dans votre assiette.

SAUVÉ PAR LA SONNERIE...

Énigme

Drame dans le train ! Dans la cabine d'Albert, le contrôleur de billets, on retrouve le corps de Fred, mort. Autour de ce dernier, il y a des éclats de verre et une petite flaque d'eau.

Pourtant, le compartiment, qui n'a pas de fenêtre, était fermé à clé. Seul Albert a accès à cette clé et il était au travail à l'autre bout du train au moment du drame. Qu'est-ce qui a bien pu se produire ?

Réponse à la page 84

COMMENT TRANSFORMER
DE LA CRÈME EN BEURRE.

1 **Ce qu'il vous faut:**
- De la crème à 35%, à une température d'environ 16°C
- Un petit contenant qui se ferme hermétiquement
- Une passoire
- Un verre d'eau

2 C'est très simple. Versez la crème dans le contenant, puis serrez bien le couvercle. Agitez le tout quelques minutes. Vous finirez par sentir que la crème n'est plus vraiment liquide, qu'elle ne bouge plus de la même manière. À ce moment, retirez le couvercle et videz le contenu du pot dans la passoire. Enfin, versez un peu d'eau sur ce qui n'a pas traversé la passoire. **Et voilà, vous avez fabriqué du beurre !**

3

Comment ça marche ? Eh bien, la crème est un mélange d'eau et de gras. En la brassant, vous obligez ces deux éléments à se séparer (les pauvres !). Vous obtenez alors une matière solide et grasse (le beurre), et un liquide qu'on appelle le «petit lait». Pour ne conserver que le beurre, vous le filtrez à l'aide de la passoire. L'eau que vous versez ensuite ne sert qu'à le rincer pour le débarrasser de tout le petit lait.

QUE FAIRE DE VOS 10 DOIGTS À PART DES BATAILLES D'OREILLERS...

EXERCEZ VOTRE DEXTÉRITÉ
EN FAISANT LE CHÂTEAU DE CARTES EN FORME DE PYRAMIDE !

Vous avez besoin d'un paquet de cartes, idéalement pas trop neuves, de concentration et de beaucoup de patience ! Observez bien les photos, elles vous guideront dans les étapes à suivre. **Bonne chance !**

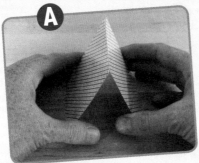

Commencez en joignant deux cartes ensemble comme sur la photo.

Répétez cette première étape deux autres fois en prenant soin de disposer les paires de cartes comme ceci.

Déposez ensuite, doucement, une carte sur le dessus...

... puis une autre carte pour ainsi compléter...

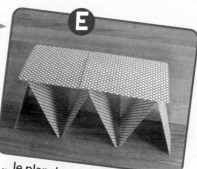

... le plancher du premier étage de votre pyramide. **Yé!**

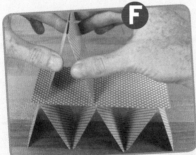

Ça va bien, on ne lâche pas !

Poursuivez votre superchâteau en répétant les mêmes étapes qu'au début. Cependant, cette fois-ci, vous n'avez que deux paires à joindre ensemble !

Si tout va bien, vous devriez obtenir ceci. Le deuxième étage est maintenant terminé... Il ne vous reste plus que le toit à bâtir !

Déposez une carte pour créer le troisième et dernier plancher de votre pyramide. Allez-y très doucement pour ne pas que tout s'effondre...

Et maintenant, la dernière étape ! Attention, on se concentre...

Tadam ! Bravo, vous avez réussi !

CONSEILS PRATIQUES

SI JAMAIS VOUS ÊTES SEULS À LA MAISON...

1. Assurez-vous que la porte est bien fermée à clé.

2. Ne répondez pas si l'on sonne à la porte.

3. Filtrez les appels avec le répondeur.

4. Utilisez le four/grille-pain et non la cuisinière si vous avez à vous faire à manger.

5. Sachez où sont vos parents et comment les joindre.

6. Déterminez chez quel voisin aller en cas d'urgence.

7. Ayez à portée de main le numéro 911 ou un autre numéro de téléphone d'urgence.

8. Assurez-vous de connaître l'emplacement de l'extincteur et de savoir comment vous en servir.

9. Repérez où sont les pansement et la trousse de premiers soins.

10. Évitez d'utiliser le foyer, la cuisinière, des outils ou d'autres objets dangereux et restez dans la maison.

Pour plus d'info, consultez le **www.parentssecours.ca**

TEST : CONNAISSEZ-VOUS LE MONDE SOUS-MARIN ?

1. Comment appelle-t-on le poisson dont le corps aplati a la forme d'un losange ?

a) Le poisson diamant
b) La raie
c) Le calmar
d) L'exocet

2. Qu'est-ce qu'un abysse ?

a) Un établissement fondé par des missionnaires au bord de la mer
b) Un endroit où attendre l'autobus sur la plage
c) Une sorte d'huître dotée de pattes
d) Un endroit, dans l'océan, où le fond marin est à au moins 4000 mètres de profondeur

3. Quelle taille peut atteindre une méduse ?

a) Environ celle d'un disque compact, soit de 15 à 20 centimètres
b) Environ celle d'un ballon, soit de 30 à 45 centimètres
c) Environ celle d'un humain, soit de un à deux mètres
d) Environ celle d'une piscine, soit de quatre à six mètres

4. De quoi est constitué le caviar, ce hors-d'œuvre très recherché et très cher ?

a) D'œufs d'esturgeon, une sorte de poisson
b) De conduits digestifs de pieuvres
c) De parties comestibles de corail
d) De tout petits cailloux qu'on trouve dans le sable, en eau peu profonde

5. Comment appelle-t-on un regroupement de poissons de la même espèce ?

a) Une chaise
b) Un banc
c) Un varech
d) Un fauteuil

6. De quels coquillages sont tirées les perles ?

a) Les moules
b) Les poules
c) Les pétoncles
d) Les huîtres

7. Quel est le plus gros poisson parmi ceux qui figurent sur cette liste ?

a) Le poisson rouge
b) Le requin blanc
c) Le barracuda mauve
d) Le thon en conserve

8. Combien de tentacules une pieuvre possède-t-elle ?

a) Deux
b) Quatre
c) Huit
d) Seize

9. Comment pêche-t-on le homard ?

a) Avec des hameçons spécialement conçus pour que ses pinces s'y accrochent

b) À l'aide de cages faites en bois et en corde dans lesquelles on met un appât pour l'attirer

c) À mains nues, en eau peu profonde

d) À mains nues, sur la plage, lorsqu'il vient y pondre ses œufs

10. Comment se nomment les plantes qui poussent dans la mer ?

a) Les algues

b) Les algèbres

c) Les plantes sous-marines

d) Les cheveux de mer

Réponses à la page 84

RÉSULTATS DU TEST

Entre 8 et 10 bonnes réponses :
Bravo ! Vous êtes prêts à plonger dans l'océan pour aller en remontrer aux poissons !

Entre 4 et 7 bonnes réponses :
Pas mal, mais vous êtes du genre à vous intéresser surtout à la plage quand on vous parle des océans...

3 bonnes réponses ou moins :
L'univers sous-marin ne vous fascine sans doute pas. Au moins, apprenez à nager, ne serait-ce que dans une piscine !

ILLUSIONS d'OPTIQUE!

Ces Deux liGnes sont-elles De la même lonGueur ?

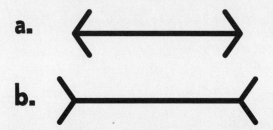

Croyez-le ou non, elles ont exactement la même lonGueur !
C'est simplement une illusion Créée par les flèches ouvertes et fermées
placées au bout De chacune Des liGnes...

Les Deux petits Carrés intérieurs sont-ils De la même GranDeur ?

Eh oui ! Les Deux Carrés intérieurs sont De la même Grosseur !
Dans ce cas-ci, ce sont les couleurs qui Donnent l'illusion que l'un
est plus petit que l'autre.

54

ReGarDez attentivement, ces fleurs bouGent !

Les voyez-vous tourner sur elles-mêmes ? Toute une illusion !

Ces liGnes sont-elles toutes parallèles ?

**Vous êtes certainement tentés De Dire oui et vous avez raison !
En Déplaçant léGèrement les ranGées De Carrés vers la Droite ou
vers la Gauche, on Crée l'illusion que les liGnes sont Croches.**

Le Métier Super Cool

Pilote d'hélicoptère...
de brousse

Olivier Talbot

Olivier Talbot, superpilote d'hélicoptère de brousse !

Tout le monde a déjà rêvé de voler, mais peu de gens arrivent à gagner leur vie en réalisant ce rêve. Depuis l'âge de 13 ans, Olivier n'a qu'une envie : passer son temps dans les airs ! Il pilote aujourd'hui un peu partout au Québec un hélicoptère dans lequel il transporte des gens ou du matériel. Alors que nous réalisons cette entrevue, il se trouve en plein milieu de la forêt ontarienne, prêt à décoller à tout moment pour emmener des pompiers vers des endroits ravagés par des incendies !

QU'EST-CE QUI DISTINGUE LES DIFFÉRENTS TYPES DE PILOTES ?

Il faut d'abord préciser qu'on peut piloter plusieurs sortes d'appareils : avions de ligne, petits bimoteurs, hydravions, hélicoptères, etc. L'hélico a la caractéristique de pouvoir se poser dans des endroits difficiles d'accès. Il peut aussi voler très près du sol ou de l'eau, ou faire du surplace. Cela permet aux pilotes dits « de brousse » de se spécialiser dans divers genres de missions : sauvetage, inspection de territoire, observation d'animaux ou d'espaces naturels et bien plus encore. Les gens qui prennent les commandes d'un hydravion transportent surtout des chasseurs et des pêcheurs fortunés jusqu'à des pourvoiries ou à des chalets privés éloignés. Enfin, les pilotes de ligne emmènent des passagers et du matériel d'un aéroport à un autre à bord de gros avions.

À QUEL ÂGE OLIVIER A-T-IL COMMENCÉ À VOLER ?

À 17 ans, lors de son entrée au cégep de Chicoutimi. Le programme de pilotage qu'il a suivi était divisé en trois parties : les élèves faisaient un an de théorie, un an de pilotage d'avion et un an de pilotage d'hélicoptère.

QU'EST-CE QUI L'A INCITÉ À CHOISIR LE MÉTIER DE PILOTE ?

Tout jeune, passionné par les avions, il regardait les appareils de la garde côtière passer au-dessus de son école et il était émerveillé. Dès l'âge de 13 ans, il a décidé qu'il voulait devenir pilote de brousse. Sa famille l'a beaucoup encouragé à réaliser son rêve.

Le tableau de bord est un outil de travail essentiel qui contient beaucoup de précieuses informations.

QUAND A-T-IL FAIT SON PREMIER VOL ET COMMENT ÇA S'EST PASSÉ ?

Son premier vol solo en hélicoptère a eu lieu au début du mois de septembre 2000. Olivier avait alors 15 heures de vol à son actif, ce qui correspond à un an de « licence avion ». Il n'était pas censé piloter seul si rapidement, mais son instructeur lui a fait passer un test : ils se sont réchauffés ensemble 30 minutes, puis, au moment de l'atterrissage, l'instructeur lui a dit de repartir sans lui. Wow ! Quel sentiment de liberté ! C'était délirant !

QU'EST-CE QU'IL TROUVE LE PLUS COOL DANS SON MÉTIER ?

Voler, pour la sensation que ça procure et les points de vue extraordinaires dont on peut profiter. Souvent, les hélicoptères volent près du sol et vont lentement par rapport aux avions. Dans ce type d'appareil, on se trouve au centre d'une bulle transparente et on profite d'un champ de vision de presque 360 degrés. On peut observer les animaux, la nature... C'est vraiment époustouflant !

Imaginez-vous aux commandes de cet appareil, cette grande fenêtre devant vous !

QU'EST-CE QU'IL TROUVE LE MOINS COOL ?

Les horaires. Au moment de notre conversation, Olivier avait un contrat de 42 jours, pendant lesquels il devait travailler 7 jours sur 7, 14 heures par jour. Dans son métier, cette situation est normale, mais ça reste très exigeant sur le plan psychologique. Le pilote doit toujours être disponible pour son client. Même s'il n'est pas en train de voler, il doit être prêt à décoller à n'importe quel moment. Par ailleurs, durant les longues périodes où il est au sol, il mène une lutte de tous les instants contre les moustiques !

QUELLES SONT LES QUALITÉS NÉCESSAIRES POUR DEVENIR PILOTE DE BROUSSE ?

Il est important, entre autres, d'être à l'aise avec les chiffres puisqu'on doit faire beaucoup de calculs relatifs au carburant. Par exemple, il faut savoir de combien d'essence on a besoin pour accomplir un vol, en prenant en compte les conditions de décollage et d'atterrissage ainsi que la force des vents, en plus de la distance. Souvent, au moment de faire ces calculs, le pilote est préoccupé par plein d'autres choses. Donc, il doit être doué pour les maths et capable d'effectuer ces opérations mentales sans trop d'effort. Il doit aussi être patient ; c'est même une des qualités qui lui sera le plus utile ! Selon Olivier, pour 500 heures de vol par année, on compte environ 2000 heures d'attente… En d'autres mots, on passe les trois quarts du temps à attendre ! Enfin, il faut avoir une bonne dextérité pour diriger toutes les opérations en même temps.

DOIT-ON AVOIR UNE VUE PARFAITE POUR ÊTRE PILOTE ?

Non, pas pour faire des vols civils. Seuls les militaires ont cette obligation. De nos jours, on accepte les gens qui ont subi une correction de la myopie au laser, ou encore ceux qui portent des lunettes ou des verres de contact.

Impressionnant ! Olivier a dû conduire des pompiers afin qu'ils éteignent un incendie en plein milieu de la forêt.

COMMENT FAIT-ON POUR DEVENIR PILOTE DE BROUSSE ?

Un truc super cool, c'est de se joindre aux cadets de l'air, ce qu'il est possible de faire à partir de l'âge de 12 ans. Si on a de la chance, on peut alors obtenir une des bourses offertes pour participer à un camp d'aviation durant un été. Il existe aussi des écoles privées et des aéroclubs qui proposent des formations de pilotage, mais ça coûte très cher. Sinon, on peut faire comme Olivier et s'inscrire au cégep de Chicoutimi, où une formation de trois ans est donnée. Malheureusement, seules 40 personnes par année y sont acceptées. Pour obtenir une place, il faut avoir une moyenne générale élevée au secondaire. On doit aussi réussir des tests d'aptitude sur des simulateurs qui évaluent la coordination physique ainsi que les réflexes, tout ça avant de passer une entrevue de sélection !

EST-CE QU'IL Y A DES FEMMES QUI EXERCENT CE MÉTIER ?

Il y en a quelques-unes, mais ça reste un milieu très masculin. Au Canada, on compte 3600 pilotes d'hélicoptère, dont à peine 100 sont des femmes. Il faut avoir beaucoup de caractère pour passer plusieurs jours de suite seul dans la forêt, loin de toute civilisation, entouré d'inconnus !

QUEL EST LE RÊVE D'OLIVIER ?

Travailler pour la garde côtière. Tous les matins, il irait se poser sur un brise-glace, avec son hélico, et naviguerait sur des eaux glacées avant de s'envoler au-dessus de l'Arctique. Il pourrait alors admirer les magnifiques paysages du Nord.

Avec un hélicoptère, il est facile d'atterrir dans des endroits difficilement accessibles.

TERRAIN DE JEUX

solutions à la page 84

Aidez Léon à placer les + et les − pour résoudre ces équations.

$$12 \_ 8 \_ 4 = 16$$
$$3 \_ 3 \_ 3 \_ 3 \_ 3 = 3$$
$$11 \_ 22 \_ 0 = 33$$
$$4 \_ 4 \_ 2 \_ 4 = 10$$
$$7 \_ 7 \_ 5 \_ 2 = 7$$

Super Énigme

Qui suis-je ?

*Je ne me lève jamais là
où je me suis couché.*

**Je vole à plus de
10 000 mètres dans les airs.**

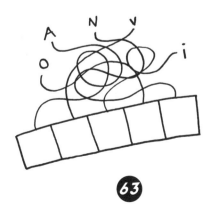

RÉBUS MYSTÈRE

À l'aide des rébus, trouvez les mots qui vont dans les cases ci-dessous.
À la fin, quand vous aurez tout bien complété, un mot* apparaîtra
dans le rectangle rouge vertical...

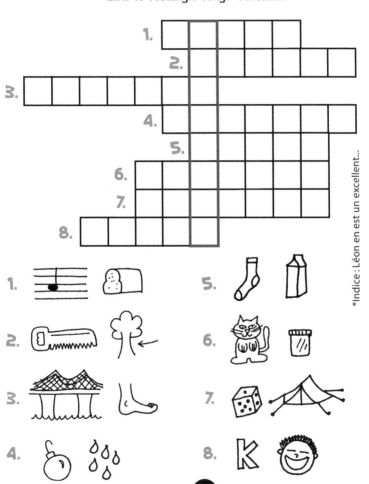

*Indice : Léon en est un excellent...

LES BULLES ONT ÉTÉ MÉLANGÉES...

Pouvez-vous identifier qui dit quoi ?

AU ➜ ? suivant !

Trouvez la suite logique de chacun de ces groupes :

1. TROIS PETITS CHATS · CHAPEAU DE PAILLE · _____

2. ONE · TWO · THREE · FOUR · _____

3. YEUX · NEZ · _____

4. BA · BE · BI · BO · _____

5. B · C · D · F · G · H · _____

6. PRINTEMPS · ÉTÉ · _____

7. I · II · III · IV · V · VI · VII · _____

8. 1/8 · 1/4 · 3/8 · _____

9. 25 · 22 · 19 · 16 · 13 · 10 · _____

10. 500 KM · 250 KM · 125 KM · _____

Qui va à la chasse trouve les réponses !

Toutes les réponses à ce chassé-croisé sont un peu partout dans le livre. Normalement, si vous avez tout bien lu, vous devriez pouvoir les trouver sans avoir à consulter les pages. Bonne chasse !

1. Au moment où j'ai écrit ce livre, en quelle saison étions-nous ?

2. Dans la chronique **Saviez-vous ça ?**, on parle du bébé de la girafe. Il s'appelle le...

3. Dans le **Bottin cabotin**, quel est le nom de famille du vendeur de sauce épicée ?

4. Quelle est la solution de la troisième **Chat-rade** ?

5. Quel est le nom de celle qui veut savoir pourquoi les lucioles s'illuminent ?

6. Selon une devinette, quel genre de gâteau s'absorberait très rapidement ?

7. De quelle origine sont les baguettes avec lesquelles on vous apprend à manger dans la chronique **C'est pas sorcier** ?

8. Où se passe l'action de l'énigme de la page 43 ?

9. Dans l'expérience trippante, en quoi transforme-t-on la crème ?

10. Dans la chronique **Que faire de vos 10 doigts**, quelle est la forme du château de cartes ?

11. De quel monde est-il question dans le **Test de connaissances** ?

12. Que pilote le héros de notre **Métier Super Cool** ?

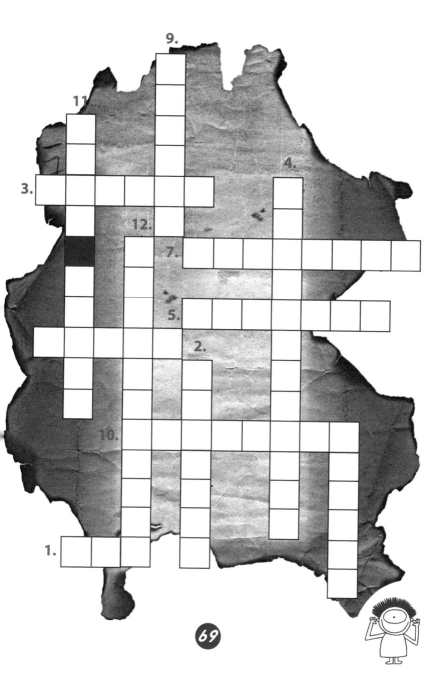

69

AYEZ L'AIR INTELLIGENTS

en parlant de commerce équitable

Parce qu'il est important de savoir qu'il y a encore des enfants qui travaillent dans les champs, que les agriculteurs des pays en développement échangent souvent toute leur récolte contre quelques sous et que notre planète étouffe sous la pollution produite par les humains !

C'est quoi, le commerce équitable?

C'est une façon de produire, de vendre et d'acheter divers objets ou denrées en s'assurant que personne ne sera exploité au cours du processus. Cette manière de faire permet de protéger à la fois les travailleurs des pays en voie de développement et l'environnement contre les abus de compagnies d'envergure internationale, souvent très riches. Pour profiter d'un pouvoir de négociation qu'ils n'auraient pas autrement, les travailleurs se sont regroupés en coopératives. À l'intérieur de ces organismes, tous les membres sont égaux. Ainsi, les gens allient leurs forces et s'entraident. Ensemble, ils s'assurent d'obtenir des conditions de travail justes et des salaires adéquats. Comme ils gagnent mieux leur vie, leurs enfants peuvent aller à l'école. Or, l'instruction, c'est le meilleur moyen de briser le cercle de la pauvreté!

Le commerce équitable, c'est une façon de vendre et d'acheter des produits en s'assurant que personne ne se fasse exploiter!

Des produits équitables

Chez nous, on peut trouver les produits **équitables** suivants: du café, du thé, du sucre, du cacao, du chocolat, des ballons de soccer, des bananes, du riz et certaines œuvres d'art. Comment les reconnaît-on? C'est facile, il suffit de surveiller le logo **certifié équitable**.

Si vous choisissez des produits équitables, vous êtes assurés que...

Le produit est acheté à une coopérative certifiée **équitable**. Ça veut dire que vous êtes plus proches que vous ne le croyez de la personne qui a cultivé votre riz, par exemple. Ce riz passe directement des mains du producteur à celles d'un exportateur, puis il est acheminé au magasin où vous vous le procurez.

Le prix que vous payez est juste. Les produits **équitables** coûtent souvent un peu plus cher que les autres ; c'est parce qu'ils ne dépendent pas des fluctuations de la Bourse. Ils sont toujours achetés aux mêmes agriculteurs, qui en reçoivent le même prix.

Les travailleurs ne sont pas victimes de surendettement. En effet, les coopératives jouissent de taux d'intérêt raisonnables lorsqu'elles empruntent à des banques.

Vous favorisez la démocratie. Les coopératives fonctionnent de telle sorte que chaque travailleur a son mot à dire au sujet de l'organisation. Le droit de parole et le salaire sont égaux pour tous.

La nature est protégée. Les agriculteurs utilisent les méthodes de travail les moins dommageables possible pour l'environnement et réussissent même souvent à ne pas polluer du tout !

Vous contribuez au bien-être de toute une communauté. Une partie des profits réalisés par chaque coopérative est redistribuée entre ses membres et sert à financer des projets pour favoriser la santé, l'éducation, l'environnement, etc.

En gros, le commerce équitable, c'est une manière de nous rapprocher des pays plus pauvres et de déclarer que nous désirons faire partie d'un monde plus solidaire, plus ÉQUITABLE !

CODE SECRET

TROUVEZ LE CODE SECRET ET VOUS POURREZ ACCÉDER AU JEU 11 SUR LE SITE WWW.CYBERLEON.CA

Si ça ne fonctionne pas, malheureusement, vous devrez trouver par vous-mêmes où vous auriez pu faire une erreur, car on ne vous donne pas la solution...

En consultant les combinaisons de bingo indiquées à la page 79, noircissez très bien les cases correspondantes à la page 80. Attention! La même combinaison peut figurer sur plus d'une carte. Une fois vos trois cartes de bingo complétées, une grande lettre se formera automatiquement et apparaîtra en noir sur chaque carte. Rapportez ces trois lettres à la page 81 pour trouver le code secret.

Bonne chance!

Indices du code

G54, B1, O61,
B12, B6, I17, G52,
I24, B2, I21, O70,
N33, O75, N40,
G47, B4, N42, G50,
B10, I25, O66,
O71, N36, B3, I19,
G53, O69

Card 1

B	I	N	G	♣
1	30	38	59	61
4	17	32	47	75
3	18	33	51	69
12	27	39	49	71
2	20	31	63	66

Card 2

B	I	N	G	♣
6	16	34	57	66
7	19	41	52	63
11	20	42	46	57
9	24	39	54	72
10	26	34	48	70

Card 3

B	I	N	G	♣
10	21	42	53	70
7	18	32	50	67
11	23	36	60	62
13	24	44	51	73
6	25	40	52	66

Code secret

9 4 0

Il ne vous reste plus qu'à entrer* ce code secret sur le site WWW.CYBERLEON.CA dans les sections «Bonbons» et «Jeux».

* Attention à bien entrer tous les caractères en majuscule et sans mettre d'espace.

Annie Groovie voit le jour le 11 avril 1970, à 19 h 15, en plein souper de cabane à sucre. Elle grandit heureuse et comblée à Québec. Très tôt, elle développe un goût profond pour la création (et pour les sucreries...). Dès l'âge de huit ans, elle remporte son premier concours de dessin, grâce à son originalité.

Annie est diplômée en arts plastiques et bachelière en communications graphiques. Elle exerce le métier de conceptrice publicitaire depuis plusieurs années à Montréal, où elle habite depuis 1994 (eh oui, elle vieillit...).

Annie est une grande adepte de la gymnastique ainsi qu'une mordue de cirque et d'acrobaties de toutes sortes. En 1997, elle est sélectionnée par le Cirque du monde et part trois mois au Chili pour enseigner les arts du cirque aux enfants de la rue.

En 2003, Annie Groovie se découvre une toute nouvelle passion : la création de livres pour enfants. Aujourd'hui, les albums consacrés à son personnage de Léon « roulent » à merveille. Elle a un projet de dessins animés en production, et vous tenez présentement le onzième numéro d'une série de livres tout à fait délirants !

ANNIE GROOVIE
À VOTRE ÉCOLE

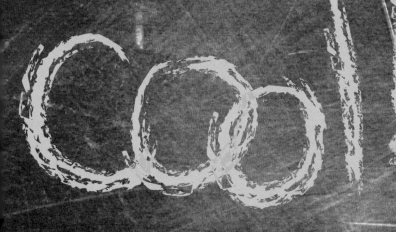

EH OUI. ANNIE GROOVIE FAIT DES TOURNÉES DANS LES ÉCOLES !
VOUS TROUVEREZ TOUTE L'INFORMATION SUR LE SITE INTERNET
WWW.CYBERLEON.CA.

À BIENTÔT PEUT-ÊTRE !

SOLUTIONS

p.67 La pointe de tarte

p.26-27
3- mont - golf - hier (montgolfière)

2- mare - rein - do - doux - sss (marin d'eau douce)

1-croque - code - île (crocodile)

p.66 **1.** Paillasson **2.** Five **3.** Bouche
4. Bu **5.** J **6.** Automne **7.** VIII **8.** 1/2
9. 7 **10.** (÷2) réponse : 62,5 KM

p.43 Fred était le poisson rouge d'Albert. L'aquarium du malheureux est probablement tombé du bureau pendant le voyage et s'est écrasé sur le sol, d'où le verre brisé et la flaque d'eau.

P. 65

Léon : « Est-ce qu'on arrive bientôt, je commence à avoir très faim ! »

Lola : « Oh ! Le beau papillon ! »

Le Chat : « Heille ! Attendez-moi ! »

Le papillon : « Bonjour, jolie jeune fille... »

Le ver : « J'espère qu'il ne m'écrasera pas... »

p.63

Soleil Avion

p.51 - 53
1. b 2. d 3. c 4. a 5. b
6. d 7. b 8. c 9. b 10. a

p.62

$$12 + 8 - 4 = 16$$
$$3 + 3 + 3 - 3 - 3 = 3$$
$$11 + 22 + \text{ou} - 0 = 33$$
$$4 + 4 - 2 + 4 = 10$$
$$1 - 1 + 5 + 2 = 7$$
$$1 + 7 - 5 - 2 = 1 \text{ ou}$$

p.68-69
1. Été 2. Girafon 3. Dufort 4. Montgolfière 5. Margault 6. Éponge 7. Chinoise 8. Train 9. Beurre 10. Pyramide 11. Sous-marin 12. Hélicoptère

p.64
1. Lapin   2. Citron   3. Pompier
4. Bouleau   5. Balai   6. Chapeau
7. Détente   8. Carie   Mot secret : ACROBATE

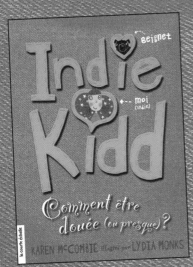

As-tu lu toutes les aventures d'Indie Kidd?

LÉON A MAINTENANT

1

Léon et les expressions

Léon et les superstitions

RIGOLONS AVEC LÉON !

Léon et les bonnes manières

Léon et l'environnement

DEUX COLLECTIONS !

DÉLIRONS AVEC LÉON !

Les éditions de la courte échelle inc.
5243, boul. Saint-Laurent
Montréal (Québec) H2T 1S4
www.courteechelle.com

Conception, direction artistique et illustrations : Annie Groovie
Coordination : Amélie Couture-Telmosse
Collaboration au contenu : Amélie Couture-Telmosse, Joëlle Hébert et Philippe Daigle
Collaboration au design et aux illustrations : Émilie Beaudoin
Révision : André Lambert et Valérie Quintal
Infographie : Nathalie Thomas
Muse : Franck Blaess

Une idée originale d'Annie Groovie

Dépôt légal, 2e trimestre 2008
Bibliothèque nationale du Québec

Copyright © 2007 Les éditions de la courte échelle inc.

La courte échelle reconnaît l'aide financière du gouvernement du Canada par l'entremise du
Programme d'aide au développement de l'industrie de l'édition pour ses activités d'édition.
La courte échelle est aussi inscrite au programme de subvention globale du Conseil des Arts
du Canada et reçoit l'appui du gouvernement du Québec par l'intermédiaire de la SODEC.

La courte échelle bénéficie également du Programme de crédit d'impôt pour l'édition
de livres — Gestion SODEC — du gouvernement du Québec.

Imprimé en Malaisie